Alix GIRAUDET DE LA CHAISE

# PENSÉES PHILOSOPHIQUES

*Une géométrie sublime préside
à l'harmonie des êtres.*
V. COUSIN.

MOULINS
CRÉPIN-LEBLOND, IMPRIMEUR-ÉDITEUR

1894

*PENSÉES PHILOSOPHIQUES*

Alix GIRAUDET DE LA CHAISE

# PENSÉES
# PHILOSOPHIQUES

*Une géométrie sublime préside
à l'harmonie des êtres.*

V. COUSIN.

## MOULINS
CRÉPIN-LEBLOND, IMPRIMEUR-ÉDITEUR

1894

« Les voyageurs qui gravissent une montagne peuvent suivre différentes directions, mais arrivés au sommet ils se rencontrent. »

Ce petit recueil est comme le carnet d'un voyageur, il marque les étapes d'une âme à la recherche de la vérité. Le chemin est laborieux et le but d'une sublimité qui ne se laisse qu'entrevoir ; mais à mesure qu'on gravit, quelles perspectives et quelles célestes joies sous le rayonnement des divins sommets ! Puissent ces quelques pensées, fleurs de la route, faire du bien à ceux qui les liront.

A. G.

# Pensées Philosophiques.

## COUP D'ŒIL SUR LA NATURE

La nature entière est soumise à la grande loi des contraires, d'où résultent le mouvement et la vie, l'ordre et l'harmonie.

Le bien et le mal, dans le sens général et absolu, sont les deux grands contraires du monde.

Le bien symbolise l'ordre, l'harmonie ; le mal représente l'écueil, la destruction, le chaos.

Tout ce qui se meut, tout ce qui vit, et le mouvement et la vie sont la condition de toute la nature, a des affinités, un but qui est son bien et qu'il poursuit, sous l'excitation perpétuelle du contraire. Lorsque le mal cesse d'être un principe stimulant de la vie, une limite, et qu'à la faveur d'une faiblesse, d'un écart, d'une brèche, il envahit et triomphe, le résultat final est la destruction, le chaos.

*   *
*

En dehors des lois fondamentales, qui semblent plus directement régies par une volonté mystérieuse et suprême, le mouvement et la vie semblent être, pour les êtres inférieurs et passagers, comme un jeu plus ou moins brillant. Une force particulière et

limitée les soustrait, un moment, aux accidents des contraires, pour aboutir, bientôt,
à de nouvelles combinaisons.

*   *
*   *

Les êtres et les éléments, sans cesse en
travail d'existence, cherchent perpétuelle-
ment leur équilibre, leur harmonie. L'océan,
bouleversé par la tempête, reprend, peu à
peu, le calme et la sérénité ; la plaie se
cicatrise d'elle-même et rejette, sans relâche, l'élément de corruption ; l'animal
est guidé par son instinct. L'homme, seul,
possède la faculté de rechercher le bien, par
une détermination libre et raisonnée, dans
tous les modes de sa vie intelligente, doué,
dans ce but, de facultés spéciales.

*   *
*   *

Dans le jeu aveugle des forces physiques, le contraire n'est pas réellement un mal, mais un accident, car ces forces font partie de la nature. Le seul mal, réel, est le mal moral, œuvre volontaire et mauvaise de l'homme. Tandis que l'action inconsciente paraît être, ici, agent de destruction, elle devient, ailleurs, élément de conservation. Dans ce mouvement universel des forces physiques, tout se balance, se combine, s'équilibre.

*
* *

Il semble que tous les êtres, et toutes les choses de la nature, soient comme suspendus sur un abîme, auquel ils n'échappent que par les forces opposées des affinités et des contraires. Sans cette loi, la nature serait tout au plus immobile ; et si le bien y régnait, uniquement, elle aurait la régularité d'un système mécanique.

\*\*\*

Les lois et les principes sont seuls immuables. Partout, ailleurs, dans la nature, semble régner une liberté relative. Consciente et raisonnée chez l'homme, instinctive pour l'animal ; cette liberté paraît n'être, pour les espèces inférieures, qu'un jeu d'organes, superficiel.

\*\*\*

Les contraires déterminent la diversité, limitent l'action envahissante ; ils assignent une place aux êtres et aux choses.

\* \*
\* \*

Les contrastes, qui dérivent des contraires, puisqu'ils sont l'effet sensible
de toute opposition, de toute dissem-
blance, donnent à la nature sa variété et
sa beauté. Ils la rendent intelligible à
l'homme.

\* \*
\* \*

Les contrastes mettent en relief la forme
des choses, en déterminent la nature, la
qualité. Ainsi l'opposition de l'ombre et de
la lumière dessine l'objet sur le fond obscur.
Si une surface pouvait être éclairée de telle
manière qu'aucune saillie n'y marquât
d'ombre, les objets qui s'y trouveraient
seraient aussi indistincts que s'ils étaient

placés sur une surface absolument sombre.

Le contraste de la couleur saisit plus vivement le regard, fait valoir les moindres détails et donne un grand charme à la nature. La même harmonie se retrouve dans toutes les autres modifications des choses, sous quelque aspect qu'on les envisage, au moral comme au physique.

\* \* \*

Les contrastes ont un langage, pour parler au cœur de l'homme et à sa conscience, car ils font également loi dans le domaine moral. Ils sont un sujet d'exercice continuel pour le jugement. De plus, faisant valoir la beauté et le mérite de la vertu, ils inspirent la noble ambition d'en pratiquer les actes. Le vrai, le juste, l'héroïque, lorsqu'ils sont opposés au faux, à l'injuste, au lâche, ressortent dans leur pur éclat et impressionnent plus vivement.

\* \* \*

L'homme réalise son harmonie par son empire sur les contraires moraux et son intelligence des contrastes. Dans cette sphère il est vraiment créateur ; le bien qu'il produit est son œuvre. C'est pourquoi la vertu, bien que naturelle et obligatoire, est une œuvre si grande.

\* \* \*

L'homme est l'hôte, nécessaire, du monde. Ces sites admirables, ces teintes du soleil couchant, cette verdure, ces fleurs : toutes ces harmonies, qui parlent au cœur et à l'intelligence, réclament un témoin capable de les admirer, d'en jouir. Si l'homme pouvait manquer à la nature, elle semblerait l'attendre ; il y aurait un grand vide à combler.

*  *

La nature n'est pas, simplement, une magnifique demeure pour l'homme ; elle lui est étroitement unie. Comme un grand système vivant, dont toutes les parties se correspondent, la nature est élément pour chacun des sens de l'homme, car elle est forme, couleur, matière, son. Elle l'est aussi pour ses facultés morales, en fournissant des images à l'intelligence et en servant de base à toutes les réalisations de

la pensée. Cependant, éclairé par sa conscience, l'homme sent que le monde n'est
pas une cause première et ne peut être une
fin pour lui, que c'est au-dessus de la nature
qu'il doit chercher son principe spirituel.

*
* *

Seul être conscient de la nature, l'homme
serait-il tenté de se considérer comme une
sorte de divinité terrestre, en voie de progrès, exposée toutefois à disparaître, un
jour, dans un cataclysme ? Si sa raison ne
lui apprenait rien, le sentiment de sa fra-
gile et misérable existence, appelant sans
cesse le secours d'un appui suprême, suffirait à lui rappeler sa sujétion étroite, à
l'auteur de l'univers. Une terre sans perspectives célestes ne serait qu'une belle proie

pour l'homme abaissé à la condition des races inférieures. Sa déchéance serait telle qu'il ne pourrait même en avoir conscience. Les problèmes de la nature le laisseraient indifférent.

Tout ce qui est dans l'Etre absolu, et il n'y a rien hors de lui, doit y trouver son type, son rapport essentiel. Si, par sa forme matérielle, l'homme tient à la nature ; par son esprit, il se relie à un Esprit, supérieur, divin.

Le principe spirituel de l'homme ne peut être une essence indéterminée, abstraite, se confondant avec l'univers. D'ailleurs, un Dieu qui ne correspondrait pas avec la pensée de l'homme par la pensée,

avec son amour par l'amour, qui ne mani-
festerait point de volonté, n'aurait aucune
influence morale sur lui. La morale et la
conscience prouvent la nature personnelle
et consciente de l'auteur divin de l'âme.

## LA CONSCIENCE
### ET LE PERFECTIONNEMENT MORAL

### I

L'homme étant le seul être qui ne soit, irrésistiblement, soumis à toutes les lois qui le gouvernent, a le devoir impérieux de s'y conformer lui-même. Les lois morales prescrivent, ordonnent, laissant à l'homme la tâche d'obéir. Celui-ci ne peut se soustraire à la loi, sans entrer en lutte avec elle, sans risquer de se briser.

\* \*
\*

De la liberté morale découle la liberté de conscience. Ces deux libertés se justifient l'une l'autre. L'homme n'est, réellement, moral que s'il jouit de la liberté de conscience.

\* \*

L'organisation de l'homme prouve, avec évidence, le principe de la liberté de conscience. Au nombre des facultés dont est composée sa nature, il en est une, toute spéciale, qui a, précisément, pour but d'apprécier le vrai, le juste, le bon : c'est la conscience elle-même.

\* \*

La conscience est une voix qui parle au cœur, le touche et l'éclaire.

## PENSÉES PHILOSOPHIQUES

23

\*
\* \*

Le droit à la liberté de conscience peut
être contesté, entravé. C'était un procédé
de domination très usité au moyen-âge par
les chefs d'Etat. L'on prétendait, alors, que
le nivellement des consciences était une
condition d'ordre, pour les sociétés. En
réalité, étouffer la lumière n'était qu'un
moyen de perpétuer la tyrannie et de
paralyser la résistance.

\*
\* \*

Les doctrines absolues et tyranniques,
contraires au pur christianisme, n'ont qu'un
temps car elles contredisent la loi du progrès.
A un moment donné, elles sont ébranlées

par de violentes réactions, et contraintes de se modifier.

*
* *

La liberté de conscience n'est un écueil ni pour l'individu ni pour la société, parce qu'elle s'appuie sur la morale divine, et qu'elle est essentiellement tolérante. Loin d'entraver la liberté, elle assure son triomphe.

*
* *

La vérité morale n'a pas de plus sûr refuge dans le monde que les profondeurs de la conscience.

*
* *

## PENSÉES PHILOSOPHIQUES

Si la société tout entière, à force d'excès, était sur le point de périr, il suffirait d'une conscience pour sauver le monde.

* * *

Sous l'empire de l'obéissance aveugle, la conscience ne s'exerce pas réellement. Le jugement moral est paralysé ; il ne reste à l'âme que le sentiment d'une scrupuleuse soumission et conformité à la règle tracée, au modèle imposé. Si l'appui extérieur manque, tout croule avec lui.

* * *

La licence de pensée n'est qu'une parodie grossière de la liberté de conscience,

dont elle revendique le droit. Elle n'en a
même pas l'intelligence.

\* \*
\*

Il ne suffit pas de posséder un droit,
il faut être en état de l'exercer. Agir à sa
guise, en matière de doctrine, n'est pas,
nécessairement, faire acte de liberté de
conscience. Lorsqu'elle est faussée ou nulle,
la conscience n'a qu'un simulacre de liberté.

\* \*
\*

L'obéissance bien comprise n'est pas
la servitude. C'est une déférence filiale,
fondée sur le respect et la confiance. Du
moins, son objet est toujours le devoir et
l'amélioration de soi-même.

Les aveugles, les infirmes de la vie spirituelle, la foule des faibles et des ignorants, demanderont toujours à l'obéissance l'appui dont ils ne peuvent se passer. Celle-ci, tout en s'attachant les cœurs, doit donner un but élevé à la soumission.

L'obstacle le plus fréquent à la liberté de conscience vient de l'intérieur de l'homme. Parfois le sens moral lui fait si complètement défaut, qu'il finit par confondre la notion intime du juste, avec l'interprétation du droit civil et celle de l'honneur mondain. Ce qu'un tel homme appelle, alors, sa conscience, n'est que la suggestion secrète de son intérêt égoïste.

*
* *

Aucune substitution, aucun changement n'est possible dans le code primitif de la morale, gravé dans la conscience, car c'est un code vivant et complet. Toute vérité aboutit à la conscience. Seulement ce sont des germes qui ont besoin d'être cultivés. La religion a réuni, sous une forme sensible, en commandements précis adaptés aux obligations de la vie sociale, les dogmes de la conscience.

*
* *

Les hommes sont tous d'accord sur le

sujet de la morale ; ils ne se contredisent que sur la question de doctrine. Ne pouvant s'entendre sur celle-ci, qui est le moyen, ils perdent de vue celle-là, qui est l'objet, le but.

*
* *

Si le droit à la liberté de conscience n'est une justification des illusions et des excès de la libre pensée, il ne contredit pas, non plus, l'esprit d'union et d'association en matière de doctrine. L'harmonie des croyances est une condition favorable pour l'exercice de la vie morale et religieuse des sociétés.

*
* *

Une doctrine est d'autant plus persuasive, qu'elle est simple et en harmonie avec le grand but moral de la conscience. Alors celle-ci est attirée, inclinée vers la croyance, qui fait écho à l'inspiration intérieure. Lorsque la question de la forme est résolue, tranchée, la conscience est en possession de toutes ses forces pour l'œuvre de perfection.

⁕

La conscience n'est pas donnée à l'homme toute faite, infaillible ; elle est soumise au développement graduel de ses autres facultés. Il y a, dans la société, une sève morale, qui circule de l'ensemble à tous les membres ; et c'est au moyen des leçons, des exemples, et surtout par l'expérience personnelle, que la conscience s'éclaire, devteni juste et droite.

## II

Le perfectionnement de l'homme consiste dans l'exercice harmonieux de toutes ses facultés. Il se proportionne aux capacités intellectuelles et morales et doit être en rapport avec la condition et la destinée de chacun.

\* \*

La volonté est une grande force morale. Par son moyen l'âme se commande à elle-même et réalise le privilège de sa liberté. Ce vouloir, investi de tous les pouvoirs de l'être qui doit vaincre, n'a que faire des raisonnements de l'esprit troublé ou des clameurs de la passion aux abois. Non seulement il interdit les actes dictés par la passion, mais il supprime la réflexion lorsque celle-ci entretient une dangereuse agitation morale.

Bien dirigée, la volonté est capable de refaire une éducation morale, ou du moins de corriger considérablement les mauvaises habitudes. Ce travail sur soi-même n'est pas une préoccupation constante. L'impulsion du cœur doit rester libre ; les plus purs mouvements de l'âme y ont leur source. Quand le laboureur trace un sillon,

il n'intervient que lorsque l'attelage sort
du sentier.

*
* *

L'énergie est l'éperon de la volonté ; la
modération en est le frein.

*
* *

Il faut se garder d'éveiller les passions
trop vives sous prétexte de les combattre.
L'attention les irrite et les provoque. Une
diversion faite à propos, et la pratique des
actes de la tendance opposée, sont la meil-
leure tactique à employer contre les penchants violents.

*
* *

Semblable au papillon de nuit, qui s'obstine à tourner autour de la flamme et y brûle ses ailes, la pensée revient sans cesse par une sorte de fascination à l'objet qui l'inquiète et l'irrite.

*　*　*

Ce qui donne plus d'élévation, et en même temps de douceur, au travail intime de la direction de soi-même, c'est l'identification de sa volonté avec le vouloir divin, dont elle devient l'organe réel, si elle est droite. Alors qu'on obéit à la voix austère et ferme du devoir, le cœur palpite d'amour et de respect pour celui qui communique son souffle à la volonté, et la rend capable de grandes choses.

*　*　*

L'étude de notre organisation nous apprend à contrôler nos penchants, et à résister à tout entraînement aveugle, même dans l'exercice du bien. Elle nous enseigne, aussi, à établir des rapports d'harmonie, entre nos facultés diverses. Ainsi les passions du cœur s'apaisent par l'effet des travaux captivants de l'intelligence et l'exaltation de l'esprit, cède à l'empire des douces affections.

*  *

Les facultés ne se dérèglent, ne rompent l'accord de l'ensemble, que lorsque l'âme, qui en est le principe dirigeant, est elle-même dérégiée et ne gouverne pas. C'est par le moyen de la conscience et de la volonté qu'elle se réforme et rétablit l'ordre dans ses puissances.

Il n'est rien de vil dans la nature de l'homme. Contenus, réglés, les sens deviennent d'utiles auxiliaires pour toutes les réalisations de la vie spirituelle. Ils aident l'homme à s'instruire et à s'améliorer. En faisant contre-poids à l'exercice de l'intelligence, ils contribuent à l'équilibre des forces de notre nature.

La vue et l'ouïe sont comme des canaux par lesquels l'âme reçoit, sans cesse, les secours moraux, qu'elle puise au dehors.

Etre heureux est le but de l'homme.
Toutes ses facultés tendent à la satisfaction
de ce besoin, qui résume tous les autres.
Cependant, le bonheur est plutôt un prix
qu'un but. Il s'obtient par la conformité
des tendances de l'être à la loi morale, et
s'accroît, s'épure, à mesure que l'homme
devient plus parfait.

Le sentiment du bonheur est autre
chose que le plaisir. Ce dernier, qui ne
flatte que la sensibilité, est fugitif, tandis que le bonheur est la félicité stable
et profonde, attachée à la pratique de la
vertu.

Le plaisir, qui est un guide pour la satisfaction des besoins réels, ainsi qu'un adoucissement, une détente, ne prouve pas, absolument, que la satisfaction qui le procure soit légitimé. La jouissance n'est souvent qu'un plaisir illusoire de la volonté aveuglée.

*
* *

L'illusion et l'excès sont l'écueil du plaisir.

*
* *

Au moral, le plaisir dévie avec la liberté. Le mal a ses jouissances empoisonnées ; l'homme s'y trahit deux fois.

*
* *

Dans la poursuite des jouissances les plus pures, l'homme doit veiller, être sur ses gardes, car l'écueil se trouve à côté de toutes ses joies : c'est l'excès. Il n'est pas là pour surprendre l'homme, mais pour l'avertir, lui fixer la limite.

\*\*\*

La plus élevée, la plus pure des jouissances est celle d'aimer. L'affection se purifie, s'élève, à mesure que l'homme se perfectionne. Alors ce sentiment instinctif, qui rapproche tous les êtres d'une même nature, devient de la bonté, du dévouement.

\*\*\*

L'activité du sentiment n'est pas la

## PENSÉES PHILOSOPHIQUES

marque certaine du penchant à l'amitié et à la générosité. Cette faculté étant aussi l'écho des besoins, des désirs divers, ainsi que des répulsions de l'être, son action peut être égoïste.

\*
\* \*

L'affection humaine n'est pas, comme on l'a prétendu, toujours, plus ou moins, l'effet de l'égoïsme caché. L'amour généreux et délicat, que l'on porte à l'être qu'on estime et aime, et par lequel on se préoccupe de ses intérêts et de son bonheur, est bien loin de mériter ce jugement. La pitié est aussi un sentiment désintéressé, qui, spontanément, nous presse de soulager les infortunes dont nous sommes témoins.

\*
\* \*

L'on développe, en soi, la sympathie pour les malheureux, en se mettant, par la pensée, à leur place, en s'identifiant, en quelque sorte, à leurs besoins et à leurs souffrances.

\*
\* \*

L'amour, dans son acception étroite, doit être basé sur les plus excellentes tendances du cœur. Une union, qui n'améliore pas, dégrade. L'homme confond souvent la passion avec l'amour véritable. Il demande à un être, parfois rempli de difformités morales, dissimulées sous une forme trompeuse, la satisfaction de besoins que des qualités réelles peuvent seules procurer.

\*
\* \*

## PENSÉES PHILOSOPHIQUES

Lorsque le sentiment cesse d'être généreux, pur, il se corrompt et donne naissance à des germes dangereux : la jalousie, la haine, la vengeance.

\*
\* \*

De même que les corps organiques s'assimilent la matière, l'âme vit d'aspirations idéales ayant pour objet les perfections ou attributs parfaits. En effet, le vrai, le beau, le bon, etc., sont le fond, l'essence de tous les objets qui intéressent moralement l'homme.

\*
\* \*

Déréglé, corrompu, l'homme ne peut se soustraire à ses tendances natives ; seulement, il choisit mal ses types ; il les cherche à son niveau. Dans les bas-fonds où son moral a glissé, il prend des clartés factices pour la vraie lumière, et va jusqu'à nier l'astre qui luit au-dessus de ses ténèbres.

*
* *

Celui qui n'est pas complètement dégradé ne cesse de réclamer, tacitement, la vérité, la justice, l'amour parfait, lors même qu'il semble se contenter de l'aumône spirituelle la plus misérable. Le repos, que donne la satisfaction absolue, est le vœu de tous les êtres.

*
* *

Si l'on abstrait des choses leur qualité,

leur valeur, ce qu'il en reste n'est qu'une vaine forme. Lorsque l'homme, en raison de sa liberté morale, s'écarte du rapport de ses facultés avec les attributs immuables, leur objet, il s'attache à des chimères, à des ombres. Le point de départ de tous les mauvais penchants est une erreur.

*
\*  \*

Une mauvaise action, un vice, témoignent des tendances primitives de l'être. Ainsi l'orgueil dérobe, à son profit, l'admiration, qui est l'apanage de ce qui est vraiment beau, noble, grand. Le mensonge se déguise, travestit la vérité.

*
\*  \*

Les facultés morales étant reliées aux attributs parfaits par d'intimes liens, plus l'âme progresse, se rapproche des divins sommets, plus l'attraction devient vive, et plus l'union tend à se réaliser.

*
* *

Une étroite solidarité unit les facultés entre elles. Elle ont un foyer commun et réagissent sans cesse les unes sur les autres. Ainsi, lorsque le cœur est gâté, l'intelligence s'égare à son tour ; les écarts successifs de l'intelligence augmentent la corruption du cœur. L'âme se trouve alors dans un cercle de difficultés, dont elle ne pourra sortir qu'à force de clairvoyance et d'énergie.

*
* *

## PENSÉES PHILOSOPHIQUES

Connaître, en morale, c'est voir tomber tous les obstacles ; c'est marcher à la lumière de la vérité, qui est le soleil de l'âme. N'avoir plus de doutes, voir clair dans tout ce qui a trait à sa destinée, à son devoir : c'est vouloir, ardemment, s'y soumettre.

\*  \*  \*

La vérité est comme un nectar que l'intelligence extrait de toutes les choses.

\*  \*  \*

Les jouissances que procurent l'intelligence sont bien autrement exquises que toutes celles attachées à la vie matérielle.

\*  \*  \*

Plus l'intelligence s'élève au-delà des causes et des effets secondaires de la sphère étroite du monde, pour se pénétrer de la plus haute raison des choses, plus la vérité se révèle à elle et l'inonde de clarté.

*
*   *

Ce n'est pas la masse des connaissances et des faits secondaires, classés dans la mémoire comme dans une encyclopédie, qui constitue la richesse de l'intelligence. Ce n'est pas, non plus, la faculté de déterminer, savamment, une partie plus ou moins considérable de la matière. La valeur réelle de l'intelligence consiste dans la portée de ses connaissances et dans leurs rapports avec la destinée de l'homme.

*
*   *

## PENSÉES PHILOSOPHIQUES

Dans les hauteurs sereines de la vérité, les doutes s'éclaircissent, les troubles s'apaisent. La vérité est une telle force qu'avec elle pour appui l'on supporterait les assauts du monde entier.

\*
\* \*

Le beau étant le reflet de toutes les perfections, il rayonne dans la vérité. Pendant que l'intelligence le contemple et l'admire, il fait les délices du cœur.

\*
\* \*

Le beau est l'épanouissement de toutes les harmonies.

Il se manifeste dans tous les êtres de la nature. Dans la grandeur et la majesté ;

dans l'harmonie des formes, des combinaisons, des couleurs ; dans la grâce des fleurs, de la verdure ; mais le beau qui émeut le plus profondément le cœur de l'homme, émane de ce qui est héroïque, parfait, divin.

*
* *

L'on peut juger un homme par l'objet de ses attachements, ainsi que par la pente habituelle de son intelligence. C'est par ces deux tendances qu'il s'abuse, se corrompt. C'est en les redressant qu'il se réforme et se perfectionne. Elles sont le pivot de sa vie morale.

*
* *

Le perfectionnement de soi-même ouvre

des horizons si vastes, un champ si riche et si varié d'activité, que celui qui a le bonheur de l'embrasser se sent pénétré d'ardeur et d'enthousiasme pour une tâche si grande.

Si quelque chose rend la vie belle et précieuse, doit la faire regretter en mourant : ce sont ces trésors de félicité d'âme que tant de gens n'ont pas soupçonnés.

\* \* \*

Dans le travail du perfectionnement, il ne faut pas s'attendre au repos absolu, à une joie inaltérable. La vie est un effort, perpétuel et inégal vers le meilleur, un simple progrès possible, parmi bien des défaillances. L'essentiel, c'est de soutenir son ardeur à suivre, jusqu'à la fin, la bonne voie qu'on a embrassée.

*
* *

Si le discernement, la générosité, ainsi
que la persévérance, président à la con-
duite de soi-même, les difficultés premières,
comme celles relatives à tout art, avant
qu'on y soit initié, exercé, s'évanouissent
bientôt. L'âme a trouvé sa voie ; un bien-
être, une joie intime, lui disent, en quelque
sorte, à chacune de ses actions : Tu as
bien fait... C'est cela...


*
* *


Une satisfaction intime étant attachée à
tout acte d'obéissance aux lois de la morale, l'on peut dire que la vertu porte, en
elle-même, sa récompense. Cependant,

pour s'élever à la pratique de la vertu, cause de cette joie, il faut un mobile, qui puisse l'emporter sur toutes les séductions terrestres. Sans ce mobile supérieur, les joies de la vertu ne peuvent se réaliser, à plus forte raison devenir un but.

*
* *

Quelques philosophes ont cru pouvoir rechercher la vertu pour elle-même. Cependant, jamais homme n'a pu avoir la certitude qu'un juge suprême n'existe pas ; à plus forte raison celui qui s'était élevé au culte de la vertu.

*
* *

L'intérêt des pensées et des sentiments

se porte naturellement sur ce qui touche, satisfait l'âme. Si donc l'habitude de s'entretenir d'aspirations au meilleur et de s'occuper de nobles travaux, devient un goût, un besoin de l'esprit, l'on doit, nécessairement, être heureux. Le bonheur se trouve dans l'homme même, et rayonne sur les objets.

\* \* \*

L'œuvre du perfectionnement moral est avant tout intérieure. Les objets extérieurs sont accessoires. L'on en use avec modération. Ces jouissances ont leur rôle dans l'harmonie générale, parce qu'en rappelant, sans cesse, l'homme au sacrifice, elles exercent sa vertu et concourent à son perfectionnement.

## PENSÉES PHILOSOPHIQUES

*
\* \*

Le rayon le plus pur et le plus direct du
soleil de vérité est celui de la lumière
morale. Il met l'âme en rapport avec son
divin auteur, principe de toute lumière, et
lui communique même de réelles intuitions
sur les plus hauts problèmes de la nature.
Les clartés, isolées, de l'intelligence ne
sont que des reflets, éclairant la matière.

*
\* \*

La recherche universelle de la vérité est
un besoin de nature chez l'homme. Cependant, il n'y a pour lui qu'un progrès réel :
celui de son perfectionnement moral. Tous
les autres progrès ne l'intéressent que dans
leurs rapports avec celui-là.

Les découvertes pour l'utilité matérielle de l'homme, augmentent le fond du trésor social ; mais cette richesse lui profite-t-elle, individuellement, le rend-elle plus heureux ? Elle flatte, surtout, la nature inférieure chez celui qui peut se procurer toutes les jouissances, tandis qu'elle expose le déshérité, toujours aux prises avec la tentation et la privation, à ressentir plus vivement sa misère.

L'importance des œuvres extérieures de l'homme, dépend beaucoup du point de vue où l'on se place pour les envisager. Elle grandit, si l'on compare l'homme aux êtres qui lui sont inférieurs, et si l'on considère les besoins que lui créent ses facultés limitées. De plus, l'homme qui produit ces œuvres est seul à les juger et à les admirer; il ne peut les apprécier que suivant la portée de son esprit.

*
* *

Un perpétuel défi donné à la présomption de l'homme : c'est l'impossibilité pour lui d'allonger sa vie ; elle est même plus courte que par le passé. La science mondaine ne fait qu'aiguiser la lame qui use le fourreau. S'il est donné à l'homme d'augmenter un peu le nombre de ses jours, il le devra à l'hygiène de l'âme, aussi bien qu'à celle du corps : au perfectionnement moral.

*
* *

Si le progrès moral avait marché de pair avec le progrès simplement intellectuel, l'humanité serait, sans doute, parvenue à un degré de développement supérieur à celui qu'elle possède. Lorsque les passions cèdent le pas à la conscience et à la raison, l'intelligence est plus lucide, plus élevée, et, par suite, plus ouverte à toutes les connaissances.

*
* *

Que serait donc l'homme et sa civilisation s'il n'y avait pas la loi obligatoire et divine de la conscience? Pour le maintenir et prévenir les plus terribles agitations sociales, faudrait-il donc lui imposer, avec un régime de lois impitoyables, le joug moral d'une religion quelconque? Où se cacherait donc cette vérité, dont l'homme est altéré, qui seule peut équilibrer ses facultés et qu'il ne pourrait trouver?

\* \*

La vie est une course vers l'infini. Les jours, les ans, en fixent la durée. Dans ce trajet où nul ne peut s'arrêter, il faut être prêt à recevoir et à rendre, à chaque instant, ce que le temps apporte et reprend. Il n'y a de repos et de contentement qu'à cette condition.

\* \*

Tout, pour l'homme, se mesure à l'instant présent. L'âme détachée jouit presque sans désir. Ce qu'elle aime, ce qu'elle tient embrassé par toutes ses puissances, ne peut lui échapper, la garde elle-même ; car c'est l'infini, c'est Dieu. L'immortalité ne fera qu'ajouter de plus sublimes proportions à une telle harmonie.

\*
\*. \*

L'insatiabilité, l'ardeur inquiète, sont l'effet du vide qu'éprouve l'âme : c'est la soif exagérée au-delà du réel. Il ne faut pas confondre les rêveries, les vagues désirs, avec les aspirations qui ont pour objet l'infini, le parfait : véritable idéal de l'âme.

\*
\*. \*

Pour goûter un repos inaltérable, il faut se détacher des vaines apparences, et

## PENSÉES PHILOSOPHIQUES

demeurer convaincu que l'on est assez bien partagé, moralement, si l'on harmonise ses facultés suivant leur capacité. Une grande intelligence, mal dirigée, abuse d'un don, n'en jouit pas réellement. Un petit vase, en bon état, est préférable à un grand bocal détérioré, qui laisse perdre son contenu.

*  *
*  *

Ceux qui se soumettent à la loi morale trouvent que tout ce que Dieu a fait est juste, admirable. Ils ont la joie au cœur. Ceux, au contraire, qui se laissent emporter au gré de leurs penchants, fléchissent sous le poids du devoir, disent que la destinée est cruelle, et que, s'il existe un Dieu, il ne peut être bon. Comme ils ont l'âme malade, ils voient tout en noir.

## PENSÉES PHILOSOPHIQUES

\* \*

L'homme ayant pour devoir de tendre,
sans cesse, au bien par ses deux modes
moral et physique, dès qu'il incline trop
à droite ou à gauche, il est averti par le
malaise, la souffrance. La douleur et la
jouissance lui sont tour à tour nécessaires.
La première l'aiguillonne et l'empêche de
s'énerver, de se corrompre. S'il s'attache
trop à la seconde et s'y oublie, la douleur
revient avec son aiguillon et le force à se
relever, à reprendre sa marche en avant.

\* \*

Le sacrifice, acte généreux, méritoire,
souvent grand dans ses résultats, n'impose,

cependant, aucune privation véritable. Le retranchement de ce qui n'est pas un vrai besoin, pour être un sacrifice très réel, à cause de l'effort généreux qu'il exige, n'en porte pas moins sur une exigence illusoire, sur un obstacle. Ce qui est utile à l'âme, ou ne l'entrave pas, ne saurait exiger la rigueur du sacrifice.

\* \* \*

Parfois, l'autel d'un prétendu sacrifice n'est que le piédestal de l'amour-propre.

\* \* \*

Le détachement touche de très près au sacrifice ; il le prépare, l'accompagne, mais ne le réclame pas toujours. C'est alors

une disposition générale de l'âme au renon-
cement et à la soumission à Dieu ; mais
permettant la jouissance des objets légi-
times. Bien qu'ayant des dehors moins
héroïques que le sacrifice, le détachement
témoigne d'un état supérieur de perfection.

\* \* \*

Quelque douloureuse que puisse être
l'épreuve, que tant de circonstances vien-
nent semer sur les pas de l'homme, elle
est toujours une crise favorable pour le
cœur, lorsqu'elle est supportée avec
résignation.

\* \* \*

Le choc que la douleur produit dans

l'âme, en fait jaillir toutes les forces et donne
l'essor à tous les sentiments généreux qu'elle
possédait en germe, mais qui n'avaient pas
encore trouvé d'issue.

\*
\* \*

La souffrance a un rôle si considérable
dans l'œuvre du perfectionnement, que l'on
comprend le culte que les saints ont pro-
fessé, de tout temps, pour le sacrifice. L'on
s'explique même les exagérations par les-
quelles la ferveur exaltée, transformant le
moyen en but absolu, a érigé la pratique
de toutes les austérités, sans distinction,
comme l'objet même de la perfection.
Cependant c'était s'exposer à rompre l'équilibre qui doit régner entre les facultés.

\*
\* \*

Lorsque l'homme se dépouille du faux, sous toutes ses formes : illusions, convoitises, etc., il retrouve en lui les germes divins et ses facultés primitives dans leur pureté. Le pas qu'il a fait est si important, si décisif, que sa marche en avant devient une course rapide et les difficultés vaincues se représentent de moins en moins, à mesure qu'il avance vers le but.

## II

### *DIEU EST LE FONDEMENT DE LA MORALE*

La vie morale est complétée par la vie religieuse, à laquelle elle s'unit étroitement.

Sans la religion, qui établit les rapports de l'homme à Dieu, le devoir n'eut pas eu de bases réelles. L'homme se serait conformé par raison, par convenance, aux lois imposées par la société. Il y aurait eu une contradiction entre son organisation spirituelle et cette absence de mobile supérieur qui, seul, peut le porter à résister à ses passions et à contrôler sa volonté.

## PENSÉES PHILOSOPHIQUES

*\* \**

Abstraction faite de la révélation, qui rentre dans un ordre de démonstrations et de preuves à part, l'expérience de tous les temps et de tous les lieux, prouve que la morale se traduit, nécessairement, sous une forme sensible et doctrinale, qui est toujours en harmonie avec le génie moral d'une nation. Si, chez des peuples civilisés, de grossières superstitions forment, parfois, le fond de la religion, comme dans l'ancienne Rome, cela tient à la tyrannie des institutions et à la corruption des gouvernements. Du moins, les lumières de la conscience brillent toujours quelque part.

*\* \**

Chez tous les peuples, les formes religieuses diverses ont dû apporter leurs titres de créance, dans leur travail de formation et de développement. Si les masses les ont toujours acceptés aveuglément, comme une partie inhérente de leur foi, la conscience et la raison affranchies, le scepticisme lui-même, n'ont cessé d'attaquer l'erreur grossière et la superstition. C'est la contradiction qui, en dégageant le germe pur, en l'éclairant, fait avancer l'humanité religieuse vers la simplicité et l'unité parfaite, prépare les voies au christianisme.

\*  \*

Le matérialiste pourra dire :
L'humanité est à elle-même son principe

et sa fin. Si elle ne répond pas aux notions parfaites dont elle possède le germe, c'est qu'elle doit se perfectionner ; et la contradiction entre la tendance et l'objet sert, précisément, de stimulant à l'homme pour atteindre à un but idéal plus élevé.

L'on répondra :

La nature n'a pu donner à des tendances formées pour le parfait absolu, et n'admettant point de limites, un but borné et imparfait, bien que susceptible de progrès. La nature ne procède pas par des détours, elle ne trompe pas l'homme en lui donnant Dieu comme fin illusoire, et l'idéal humain, comme fin réelle, déguisée. Ce serait la première fois que le créateur aurait manqué d'établir un juste rapport entre la tendance et l'objet.

Si le sens moral et la conscience n'eus-
sent été qu'une faculté sociale, il n'auraient
pu conserver le caractère sacré, que les
hommes de tous les temps et des races les
plus diverses, se sont accordés à leur
reconnaître.

\* \* \*

C'est par sa religion que l'on peut juger
du développement intellectuel et moral
d'un peuple ; car elle est, pour ainsi dire,
le fond dans lequel il conserve et puise en
même temps les notions les meilleures dont
il ait connaissance.

\* \* \*

Le sentiment religieux se perfectionne

à mesure que l'homme sort de l'enfance des âges. Superstitieux d'abord, les progrès de la civilisation l'épurent et tendent à lui donner son véritable caractère.

* * *

Le Dieu qui se révèle dans les merveilles de l'univers, et fait sentir sa présence à l'esprit qui le cherche, n'est pas une vulgaire divinité qui jongle avec les éléments, pour frapper de crainte et réclamer l'adoration.

* * *

L'humanité a toujours possédé des sages ; néanmoins, il faut des siècles pour élever le niveau moral des peuples.

## PENSÉES PHILOSOPHIQUES

* * *

La religion sert de base à la morale ;
elle en est à la fois la raison et le flambeau.

Affirmer que l'homme peut se passer de
religion pour rester vertueux, alors que
l'histoire et l'expérience prouvent le contraire, dénote une certaine légèreté d'esprit et une grande incompétence en matière morale.

* * *

Les hommes qui se croient assez forts
pour se passer de Dieu, ne se rendent
pas compte qu'ils se sont formés et ont
acquis leur maturité morale, au contact
d'une civilisation tout imprégnée des éléments de la morale religieuse. Tandis

qu'ils rejettent la cause, ils bénéficient de
ses effets.

\* \* \*

Si elles n'étaient qu'un produit de la
société, les notions de morale participe-
raient à la mobilité et à l'inconsistance des
idées conventionnelles. Elles n'auraient
plus leurs profondes racines dans la conscience ; elles seraient régies par le roman,
le théâtre, et cette opinion mondaine qui
inspire des vertus apparentes, comme elle
dicte la mode.

\* \* \*

Les décrets de l'opinion sont une bien
faible digue contre les entraînements des
passions, car ils ne sauraient avoir de

prise sérieuse sur le cœur. En auraient-ils jamais sur la conscience?

*  *  *

Sans l'idéal religieux que deviendraient les plus sublimes élans du cœur humain : l'héroïsme du sacrifice et du dévouement? La source en serait tarie, un amer pourquoi viendrait, secrètement, paralyser tous les élans. Prodiguer dans le vide des trésors si purs, ne semblerait-il pas une folie?

*  *  *

Les dévouements qui semblent les plus étrangers au sentiment religieux, comme celui d'un patriote, participent aux in-

fluences secrètes et cachées qui infusent,
dans un cœur, les ardeurs du plus pur
héroïsme.

\* \* \*

Prétendus réformateurs, qui voulez
fonder une société sans Dieu, auriez-vous,
du moins, trouvé une panacée pour tant
de douleurs qui désolent le monde? A
moins que vous ne prétendiez que les
chagrins du cœur, les ravages des passions, les désespoirs, se dissipent comme
des nuages, sous l'influence des intérêts
bien compris et bien servis de l'égoïsme.

\* \* \*

L'on voudrait opposer la science au

Dieu des ignorants! Mais la science, réso-
lût-elle toutes les questions et donnât-elle
satisfaction à tous les besoins du cœur, ne
serait jamais un secours efficace pour la
masse des hommes. Le plus grand nombre
ne serait jamais en état de profiter suffi-
samment des enseignements abstraits et
philosophiques de la science, alors que ses
bienfaits plus positifs et matériels leur
échappent.

Personne ne croit possible de mettre de
côté toute leçon de morale, dans l'éducation
de la jeunesse. Au moins composera-t-on
quelques maximes à son usage. L'on pourra,
par exemple, dire aux enfants que l'on
veut élever sans le mobile religieux, qu'il
faut être bon et juste pour être heureux ;

que sans l'estime de ses semblables la vie est intolérable. La pratique de la vie, cette grande éducatrice sociale, le leur apprendra tout aussi éloquemment.

\* \* \*

Les leçons qui laissent une impression durable et profonde dans la nature de l'enfant, y déposent un germe susceptible de se développer, sont celles qui touchent, avant tout, son cœur. L'enfant, qui a le sentiment de sa faiblesse, et que n'a point gâté l'orgueil, est facilement captivé par les choses religieuses.

\* \* \*

On a remarqué que les jeunes gens,

élevés dans un parti pris de scepticisme religieux, deviennent suffisants et ne respectent guère leurs parents ni les vieillards. Un esprit de sarcasme, de critique, sous prétexte de liberté, présidant à leur éducation, les porte, inconsciemment, à trancher, avec légèreté ainsi qu'arrogance, les questions les plus sérieuses. La douceur et la soumission sont remplacées, chez ces enfants, par une dureté précoce, souvent par la dissimulation.

\* \*

Les grands mots de fraternité, de patrie, par lesquels on cherche à stimuler les sentiments généreux d'un peuple sans idéal religieux, n'agissent guère qu'à la surface. La fraternité n'est plus que de l'affectation lorsque l'égoïsme domine, qu'un mobile élevé de sympathie manque. Jalouse d'égalité par envie, la fausse fraternité prétend tout rabaisser à son niveau ; elle ne tolère aucune distinction, pas même celle de la politesse, qui lui paraît être un reproche et l'oblige à faire une comparaison peu flatteuse.

*
* *

Les plus grands caractères, à toutes les époques, ceux dont la vie n'a été qu'un dévouement ininterrompu pour le bien de leurs semblables, et dont les exemples et les bienfaits ont élevé le niveau moral de l'humanité, avaient un idéal de perfection, une religion.

*
* *

Ce qu'il faut, avant tout, pour diriger les autres, pour gouverner : c'est la pureté du caractère, l'élévation des idées, ainsi que l'expérience, personnelle, des vrais principes de sagesse. Sans cela, tous les plans qu'on peut former sont incomplets.

Si les plans sont incomplets, ceux qui les appliquent les faussent, d'ordinaire, à leur tour, de sorte qu'il n'est pas étonnant que les hommes soient si difficiles à gouverner.

* * *

Opprimer la religion, chercher à la déconsidérer : c'est le plus souvent la servir. La persécution lui fait une auréole et lui communique un attrait particulier, qui gagne même les indifférents. Souvent aussi la persécution suscite des défenseurs ar-

dents, que rien ne rebute. D'ailleurs, quoi
que l'on fasse, il y aura toujours des
cœurs qui ne pourraient se passer de religion, qui préféreraient ne pas vivre, s'il ne
leur restait un au-delà pour soutenir leur
espoir.

*  *

La religion est un élément d'ordre social.
Le succès fait toujours des victimes, froisse
sans cesse des malheureux, des impuis-
sants. Il est une source continuelle d'envie
et de convoitises haineuses. La religion se
présente alors avec des encouragements et
des consolations uniques ; elle seule peut
toucher à certaines douleurs profondes,
pour les soulager, les guérir.

*  *

## PENSÉES PHILOSOPHIQUES

Le sentiment religieux adoucit le caractère et les mœurs. Il fait contrepoids au matérialisme égoïste, et inspire une sensibilité sympathique pour le prochain.

\* \*
\*

La religion supplée, en partie, à l'éducation, car elle inspire l'élévation, la délicatesse des sentiments, ainsi que la franchise et l'aménité.

\* \*
\*

Il faut toujours, au cœur de l'homme non dégradé, quelque chose à admirer, à respecter. Celui qui ne veut ni Dieu ni supérieur d'aucune sorte, qui a hâte de s'affranchir du respect filial, ne fait que ravaler la tendance à la révérence, en lui donnant pour objet de culte des ombres indignes.

\* \* \*

La religion est immuable comme la vérité. L'homme peut bien l'obscurcir, la méconnaître, la renier, mais rien n'altère son pur éclat et n'ébranle sa mission céleste. Celui qui la cherche la trouve toujours sereine et majestueuse

\* \* \*

Aveuglé par ses passions, l'homme est presque toujours, en religion, à côté du vrai. Il est superstitieux ou se laisse entraîner à de vaines subtilités sur le texte et la lettre, négligeant ce qui est l'esprit de la religion.

## PENSÉES PHILOSOPHIQUES

*  *
*

Le plus grand tort que les hommes puissent faire à la religion : c'est de fausser son esprit, d'abuser d'elle. L'abus de la foi porte bien plus préjudice aux croyances, que toutes les clameurs et tous les outrages de l'impiété.

*  *
*

Le mobile supérieur de la conscience, dans le travail de la perfection, est l'amour. La crainte n'en est que le mobile inférieur. Elle peut, jusqu'à un certain point, servir de frein aux grands excès ; mais elle est étrangère à la merveilleuse révélation de l'amour.

## PENSÉES PHILOSOPHIQUES

\* \*

L'âme, qui a le bonheur d'aimer Dieu, jouit d'une union sublime qu'aucun langage humain ne peut rendre, qu'aucune intelligence non privilégiée ne saurait pénétrer.

\* \*

Avec l'amour divin, tout se transforme dans la vie morale. L'âme, sur laquelle il règne, ne se contente pas du simple devoir, elle se porte avec ardeur et générosité au-devant du meilleur ; elle a faim et soif de perfection.

\* \*

Contrairement aux attachements égoïstes

et passionnés, l'amour de Dieu élargit le cœur, lui communique quelque chose de la bonté et de la grandeur de son objet. Il est le centre où tous les hommes, conviés aux mêmes prérogatives, sont appelés à se considérer et à s'aimer comme des frères.

\* \* \*

Bien loin de rompre l'équilibre des facultés, l'amour divin les harmonise, inspire le besoin d'ordre et de ponctualité en toutes choses. Sous son empire, chaque action devient un devoir aimé, un culte intime, où s'alimente sans cesse l'amour.

\* \* \*

Dire que Dieu est jaloux de toutes les

affections de l'homme, c'est parler au figuré. En réalité, l'amour détache parce qu'il attire ; et l'amour de Dieu attire parce qu'il est la fin, l'objet même des facultés.

*
* *

Tant que le cœur n'est pas touché, il y a quelque chose de sec, d'aride, dans le travail de la vie morale. L'âme est pleine de vide, de solitude. Quand le cœur s'attendrit, c'est un changement complet. Dieu est là, une paix délicieuse remplit l'âme ; elle est inondée de clartés.

*
* *

Le propre de la vie d'amour est le détachement continuel. Ce détachement accom-

## PENSÉES PHILOSOPHIQUES

pagné d'un charme divin est comme le mouvement, la marche de l'âme à son centre d'attraction.

# III

*APPLICATIONS A DIVERSES QUESTIONS*
*EN PARTICULIER A CELLE DE LA SOLITUDE*

## I

S'il est des lois absolues, auxquelles aucun homme ne doive se soustraire, comme celle qui lui commande d'être juste, bon, il en est d'autres qui laissent une certaine latitude et se généralisent par un attrait et des affinités plus ou moins marquées dans la nature de l'homme. Ainsi le mariage est la destinée générale. Il n'est point une obligation, car l'obligation est personnelle, et dans le mariage, les conditions dépendent en partie des circonstances extérieures et de concours étrangers.

*
* *

Le mariage n'entrave pas le perfectionnement moral ; il lui fournit des éléments nouveaux et favorise le développement des qualités et vertus sociales.

*
* *

L'homme est, le plus souvent, inférieur aux devoirs plus étendus que lui impose le mariage. Le monde, avec ses préjugés et ses vices, altère l'esprit de la famille. Les unions ne sont souvent que des associations inspirées par le caprice et les calculs d'intérêts. Alors, la femme ne peut être ce que la nature veut qu'elle soit pour l'homme, c'est-à-dire une compagne, une partie de son âme.

\* \* \*

La femme n'est pas inférieure à l'homme ; elle est admirablement douée, moralement. Ce qui paraît lui manquer, en force, n'est pas une lacune, mais une condition, expressément, en vue de l'harmonie : c'est aussi un charme. La morale donne à la femme sa vraie place, parce qu'en réformant l'homme, elle l'oblige à rendre justice à celle-ci.

\* \* \*

L'harmonie est troublée, dans le mariage, lorsque la femme, gâtée par l'éducation et les usages qui la concernent, n'a que des agréments frivoles et passagers ; et quand l'homme, manquant de caractère et de mâles vertus, ne peut pas être estimé et respecté.

*  *  *

Lorsque le célibat n'est pas l'effet de l'égoïsme, il devient particulièrement favorable au travail de la perfection, et peut être considéré comme la voie la plus directe et la plus simple pour atteindre ce but.

*  *  *

Le mérite n'est pas inhérent à une vocation, il est relatif à la personne qui choisit une carrière, à ses propres dispositions. De plus, lorsqu'il s'agit de parvenir à un but, le mérite consiste, avant tout, à y arriver, que ce soit par le chemin le plus simple, le plus direct, ou par celui qui est le plus accidenté et le plus difficile.

\* \*

Le mariage réclame peut-être plus d'homogénéité dans les facultés, quelque chose de plus complet dans le caractère, que la prédominence des plus nobles tendances. Le célibat, plus simple et moins surchargé d'obligations diverses, parfois difficiles à accorder, tend à équilibrer des natures que souvent le mariage aurait trouvées faibles et incomplètes. Il donne satisfaction à un penchant plus marqué pour la vie spirituelle.

*
* *

Tous ceux qui ne se contentant pas de l'observance du précepte se sont voués au culte du plus parfait, ont embrassé le célibat ou s'en sont rapprochés plus tard. Les œuvres de charité les plus admirables sont presque toutes dues à l'initiative et aux travaux de personnes qui étaient libres des liens du mariage.

*
* *

Dans la nature le privilège est toujours le partage de l'exception. Le sentier en est libre. Cependant les hommes ne mettront pas en péril les institutions qui servent de base aux sociétés, en sortant en masse des voies ordinatres, car le plus grand nombre n'atteindra jamais à cette richesse morale, faite de détachement, d'attraits purs et élevés, qui en sont la condition nécessaire.

*
* *

Si le créateur semble s'être complu à combler de dons admirables quelques-unes de ses créatures, il a, du moins, été complet, dans la mesure de sa libéralité, à l'égard de toutes les autres. Chaque homme entre dans la vie avec le même lot de facultés et de besoins, possédant, par conséquent, l'égalité morale, la principale et la plus nécessaire.

L'inégalité, qui résulte du caractère, est, le plus souvent, l'œuvre personnelle de l'homme.

*
* *

L'infériorité provient, parfois, d'un vice de naissance, triste héritage de famille, en raison de cette loi universelle de solidarité, par laquelle tous les êtres d'une même famille, d'une même souche, en reproduisent quelques traits. Dans ce cas, la responsabilité personnelle dépend des facultés et des ressources qu'on possède.

*
* *

L'être le plus malheureux en apparence, l'idiot, qui n'a d'autres éléments de jouis-

sance que ceux de l'animal, n'est frustré
d'aucun droit, si toutefois la créature peut
avoir un droit ; car il ignore un état meilleur, cet état n'existe pas pour lui. Un bien
n'a de réalité qu'autant que l'on possède la
faculté et les conditions pour l'apprécier et
en jouir. Chaque être a sa part relative de
jouissances, et plus les facultés sont élevées,
affinées, plus aussi, celle de souffrir devient
vive et profonde.

\*
\* \*

Il est une manière d'interpréter l'œuvre
de Dieu, laquelle démontre, simplement,
l'impuissance de l'esprit humain à saisir les
rapports et la haute philosophie du plan
divin de l'univers, dont toutes les parties se tiennent si étroitement que toucher à

l'une d'elles serait ébranler toutes les autres.

*
* *

Si l'homme n'était pas exposé à faire le mal, s'il n'avait pas de responsabilité, même vis-à-vis de ses semblables, comment pourrait-il accomplir sa destinée d'être libre et perfectible ?

*
* *

Parfois l'homme rêve une organisation plus parfaite, un repos moins troublé, véritable chimère en sa condition présente. Ce dont il est certain, c'est d'avoir une tâche à remplir, ici-bas, de laquelle dépendra son sort futur.

## PENSÉES PHILOSOPHIQUES

*
* *

Quelle étrange conception on se ferait
de la nature et du pouvoir de Dieu, en sup-
posant qu'il pourrait, ou même devrait,
dans tel ou tel cas, apporter des changements à ses lois, en suspendre le cours. Le
parfait, le divin, n'a jamais lieu de changer.

*
* *

Tout ce que l'imagination humaine peut
rêver d'états parfaits et heureux, doit se
rapporter à quelque réalité de l'infinie
création. Cet espace, sans limite, contient,
sans doute, des créatures d'une perfection
que l'homme de cette terre ne peut soup-
çonner, et qu'il serait incapable de com-

prendre ; ses facultés n'étant pas adaptées à une telle connaissance.

*
* *

Celui qui oubliant, un moment, ce qu'il croit savoir, et se dépouillant de la routine de la vie, s'imaginerait venir pour la première fois, contempler le firmament constellé de mondes innombrables, serait comme écrasé par la grandeur d'une telle révélation. Il se dirait à lui-même : D'où vient qu'il m'est donné, à moi qui n'étais pas hier, qui ignorais l'Etre absolu, qu'aujourd'hui je le vois, je le sens, qu'il m'enveloppe de toutes parts. L'espace, qui s'étend au-delà de ces mondes, n'a point de limites, car une limite suppose encore l'espace. Petit atome vivant, ne serais-je qu'un jeu de ce grand Etre ? Cependant, ce que j'entrevois, ce que je sens dans cette minute de mon existence, m'est le gage que je tiens à ces grandes choses par quelques liens mystérieux.

\* \* \*

Le triomphe de l'homme sur le mal moral, jusqu'à son dernier soupir, est un témoignage de l'immortalité de l'âme, car c'est le seul mal qui puisse atteindre l'esprit. Le principe supérieur de l'être, dont le corps n'est que l'enveloppe, l'instrument, pourrait-il périr jamais à la suite de ce dernier, et par un mal qui n'est pas le sien?

\* \* \*

L'humiliation de la mort n'est qu'apparente : c'est la fin d'une épreuve. L'âme est alors comme un fruit mûr qui se détache de son enveloppe.

*
* *

Si une récompense n'était réservée à l'œuvre si grande et si méritoire de la perfection, elle serait donc interrompue, inachevée, comme la plus banale entreprise, par l'effet d'un simple accident? Lorsqu'un artiste meurt prématurément, avant d'avoir pu terminer une œuvre aimée, l'on est ému de pitié; mais combien plus triste et plus amer paraîtrait le sort du héros, du saint, arrachés brusquement à leur idéal de perfection et de dévouement, pour être livrés au néant ! Ce qu'il y a de plus grand s'évanouirait-il, en un moment, comme une chimère?

\* \* \*

Le culte de la Vierge et des Saints est une des plus bienfaisantes pratiques de la religion.

Ce commerce intime de l'homme avec sa famille céleste, est pour lui une école de vertu. Il y apprend la pureté, la douceur, l'aménité et en rapporte un parfum de poésie qui se répand sur son existence.

\* \* \*

La destinée a été comparée à un livre où tous les évènements de la vie de chaque homme pourraient être lus d'avance. Mais c'est une aberration, une folie, de croire qu'il faille s'abandonner, aveuglément, à toutes les chances du sort, sous le prétexte qu'on ne peut s'y soustraire. Il y a certainement des accidents inévitables, mais combien d'autres la prudence n'écarte-t-elle pas, dans le cours d'une vie? Agir imprudemment, sous l'empire d'un froid fatalisme, c'est être follement l'agent de son sort ; c'est écrire, en quelque sorte, soi-même sur le livre du destin : Un tel périra victime de sa folie. Malgré la protection qu'il étend sur l'homme, Dieu a chargé celui-ci de veiller à sa conservation, en lui donnant une nature sensible, qui l'avertit du danger, ainsi qu'un grand attachement à la vie. Ce serait se faire une étrange idée de Dieu que de se le représenter, sans cesse, occupé à déchaîner des séries d'accidents sur ses créatures, pour des raisons mystérieuses.

***

Il faut, autant que possible, éviter de juger les actions, et à plus forte raison les intentions des autres : c'est le moyen de n'être pas souvent injuste. Si ce qu'on croit être une évidence n'est souvent qu'un produit de l'esprit léger et borné dans son point de vue, que dire des apparences, qui peuvent naître de causes absolument différentes, et représenter des choses tout opposées à celles que l'on soupçonne?

***

Il ne faut pas croire tout ce que les hommes disent les uns des autres, car ils jugent, au moins, à la nuance de leur nature et d'après la portée de leurs idées et de leurs appréciations habituelles. Ils prennent, même parfois, le bien pour le mal, faute de comprendre. Rarement l'homme se donne la peine de rectifier un jugement inconsidéré, lorsqu'il s'agit des autres.

\*
\* \*

Le nombre des témoignages n'est pas toujours un argument en faveur d'une imputation. L'erreur est contagieuse, la prévention la fortifie ; elle grossit et se complique en circulant.

\*
\* \*

Parfois, sans s'en douter, l'on soulève soi-même la poussière qui aveugle celui qu'on prétend éclairer, et l'on place, sur le chemin de celui qu'on prétend conduire, l'obstacle qui l'empêche d'avancer.

*
* *

L'injustice atteint plus douloureusement les natures droites, parce qu'il y a choc des contraires. Elle a moins de prise sur celles qui manquent de droiture, de sincérité, parce que les semblables se neutralisent. Du moins, dans le premier cas, son venin se change souvent en vertu purifiante, tandis que dans le second, il laisse une irritation sourde et malsaine.

*
* *

Relever une calomnie pour confondre un adversaire, c'est substituer à un argument l'injure et la lâcheté grossière ; c'est surtout outrager la morale, au nom de la morale même.

*
* *

Si l'homme avait la vue moins bornée, pour les choses morales, il éviterait d'être aussi affirmatif dans ses jugements. Il reconnaîtrait que, dans ce vaste domaine, les moindres réalités, incessamment modifiées par de profondes influences, deviennent souvent insaisissables à l'esprit, dans leur pureté. C'est plutôt par un sens moral droit et juste, une conscience pure, que par des raisonnements subtils, qu'on perçoit la vérité morale.

## PENSÉES PHILOSOPHIQUES

Si l'œil n'embrasse un certain horizon, il ne voit qu'imparfaitement les objets.

De même, un esprit sans portée doit manquer de justesse.

Les hommes sont comme les enfants. D'un côté, il recherchent l'égalité avec passion, de l'autre, ils la repoussent sans relâche. C'est que, dans le premier cas, l'égalité sert leur amour-propre, leur ambition, et que, dans le second, elle les contrarie, y met un frein. S'élever, l'emporter sur les autres, étant un penchant des plus invétérés de l'homme, l'on peut dire que

l'égalité n'est qu'une satisfaction momen-
tanée, accordée par l'ambition à l'envie.

\*
\* \*

L'homme est plus fort que la femme :
c'est là sa supériorité. La force ne comporte
pas, nécessairement, un grand développement des facultés spirituelles, mais la
force unie à de puissantes qualités, bien
équilibrées, est un élément de véritable
supériorité. Voilà pourquoi les hommes de
génie l'emportent, généralement, sur les
femmes les plus distinguées. Dans les conditions ordinaires, il semble que le nombre
des femmes intelligentes soit loin d'être
inférieur à celui des hommes.

\*
\* \*

## PENSÉES PHILOSOPHIQUES

La femme, lorsqu'elle n'était point esclave, a toujours été plus ou moins annihilée. Aussi son développement normal a été beaucoup plus entravé que celui de l'homme.

\*
\* \*

Ce n'est qu'en faisant valoir la haute portée sociale de ses revendications, que la femme obtiendra les libertés auxquelles elle prétend ; et non pas en cherchant à sortir de ses attributions naturelles.

\*
\* \*

Il n'y a que le progrès moral qui puisse faire prévaloir le droit de justice sur celui de la force vulgaire, lequel tend toujours à annihiler le faible.

PENSÉES PHILOSOPHIQUES

\* \*
\*

L'état d'abjection dans lequel la femme asservie peut tomber, alors qu'elle est aussi bien douée que l'homme, est imputable à celui-ci. Il n'y a que la morale et la loi supérieure qu'elle représente, qui puisse remédier à une telle contradiction.

\* \*
\*

En travaillant à une juste émancipation de la femme, l'homme n'a pas à craindre que celle-ci empiète sérieusement sur ses droits, devienne une rivale. La nature s'est chargée de fixer à la femme des limites infranchissables.

\* \*
\*

## PENSÉES PHILOSOPHIQUES

Toute idée doit mûrir avant d'être réalisable. Il ne faut pas demander aux lois plus que la nature ne réclame et plus que la raison et la conscience n'admettent. Autrement la réaction ne tarderait pas à se produire.

\* \* \*

La condition de la femme indique le degré de civilisation d'un peuple. L'homme ne peut réaliser, seul, ses plus hautes prérogatives morales. Ce qu'il retire à la femme, il l'enlève à la famille et à la société; de plus, il se mutile lui-même.

## II

La vraie solitude n'a rien de commun avec la mélancolie et l'insociabilité ; elle est vivante, animée, pleine de ressources pour la pensée et le cœur ; elle n'enchaîne personne et se donne selon la mesure de l'attrait et du besoin.

\*

Pour jouir de la solitude, il suffit de laisser, un moment, les préoccupations temporelles, d'être seul à seul avec sa conscience. Il se fait alors une lumière

## PENSÉES PHILOSOPHIQUES

intime et vive au fond de l'âme, un repos déli-
cieux la remplit ; et c'est avec une vue claire
de son état et de la valeur des choses, qu'elle
se prépare à reprendre la tâche de la vie.

*
*  *

Si l'on se rend bien compte de ce que
l'homme poursuit, pour être heureux, l'on
découvre que la vie du monde, théâtre où
toutes les ambitions sont en jeu, est telle-
ment pleine d'intérêts vains et trompeurs,
de déceptions, que la tâche d'y vivre
ne devient possible, qu'à force de conces-
sions et même d'illusions.

*
*  *

Celui qui est susceptible de goûter quelques jours de solitude n'a pas besoin qu'on lui dépeigne ces clartés pour l'intelligence, lorsque tous les voiles tombent, ni cette richesse et cette joie intérieure, lorsque le cœur a rejeté ses vaines idoles ; il n'a pas besoin, non plus, qu'on lui apprenne que lorsque tout est à l'unisson dans l'être, une joie profonde, une paix céleste en sont le résultat.

*
*   *

Les habitudes de la vie du monde rendraient, sans doute, difficile et pénible une solitude prolongée à la plupart des hommes. Le mouvement extérieur et l'exercice léger et distrayant des conversations, deviennent une sorte d'habitude et de nécessité. La transition, entre deux mondes si différents,

parait toujours brusque à ceux qui ne sont
sont pas initiés à l'esprit et à la vie de la
solitude. Pour eux, c'est une terre étrangère, une plage morne et déserte.

*  
* *

La solitude est un port de salut, pour
ceux à qui le monde était devenu obstacle
et pierre d'achoppement. Ce qui, dans la
société, devait peut-être les aigrir, les
rendre mauvais, devient pour eux, par la
retraite, un moyen de perfection.

*  
* *

Pour être heureux, l'homme a besoin de
peu d'objets extérieurs. Il existe entre
toutes ses tendances un rapport naturel,

une unité d'objet, qui rend accessoire et souvent chimérique, un grand nombre de besoins.

\* \* \*

Qu'abandonne-t-on dans la solitude? L'on perd l'habitude de dépendre de l'opinion et du caprice ; l'on abandonne le rôle d'acteur pour être soi en toutes choses ; l'on cesse de se heurter, à chaque pas, à ce qu'il y a de faux dans l'esprit et le cœur des gens qui, n'ayant point d'intérieur moral, sont constamment à la porte de leur être.

\* \* \*

Le monde est comme une place publique, où chacun vient déguisé et s'abuse plus ou moins.

## PENSÉES PHILOSOPHIQUES

\*
\* \*

La vie sociale absorbe en partie la vie
individuelle : elle la domine, lui enlève sa
couleur propre pour lui imprimer la teinte
générale. Celle-ci ne cesse de réagir, de
lutter pour se ressaisir et reprendre ses
droits. L'homme, aux prises avec tant de
sollicitations contradictoires, trouve rarement le point juste, la mesure parfaite,
aussi souffre-t-il sans cesse. Cette subordi-
nation étroite et continuelle, l'asservit, lui
pèse, sans qu'il s'en rende compte. Cependant elle est indispensable au maintien de
la société, à son homogénéité, à son harmonie ; et de ce contact des intelligences a
résulté un développement plus grand de la
vie spirituelle. Une sphère plus vaste lui a

été ouverte, ainsi que la perspective de jouissances plus variées.

*  *  *

Fortifié par la vie sociale et riche de sa moisson d'expérience, l'homme est prêt à aborder la solitude et à la rendre féconde.

*  *  *

L'homme n'est complet que lorsqu'il a passé par la civilisation, et qu'il a reçu sa touche.

*  *  *

La solitude est le refuge, de droit, de ceux qui aspirent aux sommets de la perfection, car, là seulement, l'homme peut se dégager, absolument, des entraves du monde et de l'erreur sociale.

*
* *

L'attache ardente aux choses passagères est un signe de pauvreté morale ; un effet de la crainte que l'on ressent de laisser échapper l'ombre qu'on poursuit.

*
* *

Dans la solitude, l'homme est bientôt étranger à ce qui occupe les mondains, à leur souplesse, à leur prudence. Il devient dans ses paroles, dans ses actes, transparent comme le cristal. S'il revenait, ainsi, au milieu des autre hommes, sans donner,

au moins, les marques d'une vertu extra-
ordinaire, non seulement on ne le com-
prendrait pas, mais il serait taxé de folie.

*  *  *

La vie du monde ne pouvant se baser que
sur les apparences, car les âmes ne se
pénètrent pas, l'on y devient aisément fri-
vole, si l'on n'y perd pas en caractère ou
en sincérité.

*  *  *

Plus une personne se renferme en elle-
même, s'isole, plus elle est exposée aux
inquisitions et aux jugements téméraires.
En raison de la loi sociale de l'adaptation,

le monde est porté à vouloir se rendre compte de tout.

L'art de vivre dans la société consiste à lui donner satisfaction, tout en faisant des réserves. Celui qui, philosophiquement, veut rester lui-même et laisse, au dehors, souffler tous les vents contraires, a rompu la barrière qui retenait toutes ces forces étrangères. N'étant plus contenues, elles deviennent envahissantes, oppressives. Si l'on n'apporte pas à la société toutes les conditions qu'elle exige, la solitude est préférable.

*<br>* *

Dans la vie sociale, la perfection doit surtout embrasser les rapports extérieurs avec les autres hommes. Il le faut pour que

le monde ne soit pas écueil ; il le faut,
aussi, pour la société elle-même, dont on
est membre, et vis-à-vis de laquelle on a
des devoirs à remplir.

Dans certains états exceptionnels, lorsque l'esprit et le cœur aspirent sans cesse à
l'union divine et au sacrifice, il en peut
résulter une désoccupation si complète de
soi-même et des objets extérieurs, que l'on
devient insensible pour tout ce qui émeut
les autres hommes. Cependant le cœur du
saint brûle de partager son unique trésor
avec ses frères.

L'idée de la solitude n'est pénible que parce qu'on envisage celle-ci sous un jour faux. Cependant, il n'est presque personne qui n'ait au cœur quelque penchant secret, inavoué, pour elle. Qui n'a ressenti le charme mystérieux d'une promenade solitaire sous les grands arbres des bois, parmi les ruines, qui font rêver du passé et des êtres disparus ? Le silence de la nature a un accent qui pénètre l'âme.

*
*   *

Ceux qui auront embrassé la solitude sauront s'y créer des intérêts et des occupations qui en écarteront l'ennui et la monotonie. Ils y trouveront de nombreux moyens de varier leurs occupations, et même de se distraire. Il est rare que la solitude soit si absolue qu'on ne puisse s'y procurer l'agrément d'une conversation, d'une promenade avec quelqu'un.

\*\*\*

La lecture est une des grandes ressources de la solitude. Un livre peut vous faire voyager agréablement dans toutes les régions de la terre. C'est un ami que ce savant, ce penseur, qui verse dans notre âme tout ce que la sienne renfermait de meilleur.

\*\*\*

C'est aux heures de solitude qu'on est le plus apte à tous les genres de travaux, qu'on y apporte le plus d'intelligence et de soin. Un art particulier : la peinture, par exemple, art intime qui ouvre des horizons à toutes les facultés et que l'on prétend isolant, même dans le monde, suffirait pour charmer et remplir d'intérêt la vie d'un solitaire.

* * *

Un des grands charmes de la solitude : c'est son atmosphère de poésie, car elle est la terre de l'idéal. A cette source où vient souvent puiser le poète, l'amant de la solitude s'abreuve avec délice. Le charme grandit pour lui de tout ce qu'il garde improfané et ne livre pas à l'art mondain.

* * *

L'on dit à tort que le solitaire est un être inutile et égoïste. N'existe-t-il pas des manières diverses de faire le bien à ses semblables, suivant ses moyens et la position dans laquelle on se trouve ? Le solitaire ne nuit à personne, c'est déjà quelque chose. Il répand des bienfaits autour de lui, et s'il ne peut faire l'aumône, il communique ses lumières, il sert de messager à la vérité comme le sage. Beaucoup de gens dans le monde, non seulement ne font de bien à personne, mais rendent la vie pénible aux autres.

* * *

La solitude perpétuelle et complète a, de tout temps, exercé une singulière attraction sur ceux qu'une vocation manifeste y a appelés.

\* \* \*

Plus ou moins bien comprise, elle a peuplé les monastères, où la vie en commun sert souvent à protéger un besoin irrésistible de solitude et de silence. L'on doute, souvent, qu'il soit possible de vivre toujours isolé et silencieux, sans risquer de perdre l'esprit ou du moins de tomber dans une noire tristesse. Il suffira de voir de près des couvents de Trappistes des deux sexes pour se convaincre du contraire.

\* \* \*

L'Arabe a la passion du désert et de la

solitude, ce qui influe, sans doute, sur son caractère souvent mâle et noble. On y aperçoit, de loin, sa silhouette agenouillée et abîmée dans la contemplation.

\*\*\*

L'habitude d'une vie sérieuse produit des changements dans le moral, et modifie, les besoins créés par d'autres habitudes dont on est affranchi. Dans la retraite, l'homme s'occupe sans tension d'esprit. Toutes ses facultés s'exercent à l'unisson et avec harmonie. La fermeté morale, signe d'équilibre et de saine énergie, y remplace la raideur et la tension d'esprit, qui sont, précisément, l'écueil de la légèreté et de la dissipation, forcés de se contenir.

## PENSÉES PHILOSOPHIQUES

\* \* \*

La prétendue distraction, par laquelle on se répand en conversations animées, en rires bruyants; où l'on jette les regards sur une foule d'objets pour satisfaire non pas l'intelligence et le cœur, mais une curiosité vulgaire, n'est que la conséquence de l'ennui et du vide qui rongent le cœur et le forcent à se répandre au dehors.

\* \* \*

Il est des cas où la retraite devient un refuge nécessaire, un port de salut. Ainsi sont certaines douleurs et blessures morales que le contact du monde, qui les a fait naître, irrite au point de compromettre parfois la raison.

* * *

Le mépris est un poids accablant même pour les plus forts. Il paralyse l'âme, l'oblige à se replier sans cesse sur elle-même. Ceux que l'injustice et la malice des hommes a condamnés, déshonorés, ont de la peine à se soustraire à un senti-ment d'abattement et de honte. La vie intérieure et de retirement leur tend les bras, leur offre, en échange de leurs amertumes mondaines, eussent-ils été cou-pables, un sort de privilégiés, une divine réhabilitation, que les plus heureux du monde leur envieraient.

* * *

## PENSÉES PHILOSOPHIQUES 135

Il faut rejeter le fardeau des jugements mondains, s'oublier soi-même et élever son esprit vers ces hautes régions, délices de nos facultés. Le premier résultat sera d'amoindrir, dans l'esprit, l'importance de l'opinion des hommes.

\* \* \*

Le mépris est la cure de l'amour-propre; il force l'âme à aller de l'avant et à déployer ses ailes, pour rejeter toute souillure morale.

FIN

# TABLE

Coup d'œil sur la Nature.. ... . .... ..... 9

I. La Conscience et le Perfectionnement
moral .... ..... ..................... 21

II. Fondement de la Morale : Dieu ...... 67

III. Applications à diverses questions, en
particulier à celle de la Solitude.

www.ingramcontent.com/pod-product-compliance
Lightning Source LLC
Chambersburg PA
CBHW060152100426
42744CB00007B/998